ホテリア
実務日語

호텔리어
실무일어

박복원·강희석 공저

국내 호텔을 이용할 때 사용하는 일본어에 대응하기 위해
**일본호텔 사정, 호텔의 예약, 이용안내, 룸서비스, 전화서비스, 관광안내, 하우스키핑,
레스토랑 예약, 식사 메뉴** 등의 부문에서 각 장면마다 기본이 되는 실무회화를 소개했다.

백산출판사

손윗사람이나 소중한 분을 접대하듯 회화 중에서도 가장 품격 있고 정중한 언어로 의사를 전달하는 것이 호텔에서 사용하는 일본어입니다.

이 책은 호텔 내에서 실제로 행해지는 업무부터 「제1장 일본의 호텔」, 「제2장 현관 및 객실 업무」, 「제3장 식음료」 등의 3파트로 나누어 구성하였습니다.

연간 200만 명을 육박하는 일본인 관광객들이 국내 호텔 이용 시에 사용하는 일본어에 대응하기 위해 일본호텔 사정 호텔의 예약 이용안내 룸서비스 전화서비스 관광안내 하우스키핑, 레스토랑 예약, 식사 메뉴 등의 파트에서 각 장면마다 기본이 되는 실무회화를 소개하였습니다.

호텔 일본어라는 전문분야에 관심을 가진 분들의 많은 질책과 사랑을 기대하며, 본서가 작은 보탬이 되었으면 하는 바람 간절합니다.

끝으로 이 책이 출판되기까지 애써준 백산출판사 관계자 여러분께 감사드립니다.

2016년

저자 씀

○ **일본의 호텔**

 ○ **현관 및 개실 업무**

제3장 ○ 식음료

제 1 장

일본의 호텔

1 호텔의 종류

ホテル(Hotel)とは、主に短期滞在の旅行者、ビジネスなど出張者のための宿泊施設です。

호텔이란, 주로 단기체류 여행객, 비즈니스 등의 출장자를 위한 숙박시설입니다.

1) 시티호텔(シティホテル)

都市の繁華街に立地する大型ホテル。いわゆる有名一流ホテルです。

シティホテルの語自体は和製英語である。

도시 번화가에 입지한 대형 호텔. 소위 유명 일류 호텔입니다. 시티호텔이란 말은 일본식 영어이다.

○ JCHA(http://www.jcha.or.jp)とは、全日本シティホテル連盟の略称です。

2) 비즈니스호텔(ビジネスホテル)

都市の繁華街に立地する、主に業務出張客の宿泊を想定した比較的小型で低料金のホテルです。

도시 번화가에 위치하고 있고, 주로 업무출장자의 숙박을 대상으로 하여 비교적 소형으로 요금이 싼 호텔입니다.

3) 고급 비즈니스호텔(高級ビジネスホテル)

大都市部の駅前や再開発地区などに新築した建物に立地しているビジネスホテル。宿泊価格はビジネスホテルとシティホテルの中間に位置している事が多いです。

대도시 쪽의 역 앞이나 재개발지역 등에 신축한 건물에 입지해 있는 비즈니스호텔. 숙박요금은 비즈니스호텔과 시티호텔의 중간쯤인 경우가 많습니다.

4) 모텔(モーテル)

国道沿いや高速道路のインターチェンジ付近にあるビジネスホテルに
近いものであるです。

국도 연변이나 고속도로 인터체인지 부근에 있는 비즈니스호텔에 가까운 숙박시설입
니다.

5) 관광 · 리조트호텔(観光 · リゾートホテル)

温泉地、ビーチや高原などのリゾート地に立地する宿泊施設。日本では、主に温泉地で営業するリゾートホテルの場合、館内に共同大浴場や場所によっては露天風呂を持っている業態のホテルも多いため、旅館との区別が曖昧であるです。

온천지역, 해안, 고원 등의 리조트에 입지해 있는 숙박시설. 일본에서는 주로 온천지역에서 영업하는 리조트호텔의 경우, 관내에 공동으로 사용할 수 있는 큰 목욕탕이나 업소에 따라서는 로텐부로를 소유하고 있는 호텔들도 많기 때문에 여관과의 구분이 애매합니다.

6) 캡슐호텔(カプセルホテル)

カプセルホテルはカプセル状の簡易ベッドが提供される宿泊施設。

日本独自の形態のホテルです。

캡슐호텔은 캡슐모양의 간이침대가 제공되는 숙박시설. 일본의 독자적인 형태의 호텔입니다.

7) 료칸(旅館)

和式の構造及び設備を主とする宿泊施設。客室が和室で、露天風呂ないし室内大浴場を備えています。

일본전통방식의 구조 및 설비를 한 숙박시설. 객실도 일본전통방식이고, 로텐부로 내지 실내에 큰 목욕탕을 갖추고 있습니다.

8) 민숙(民宿)

客室などの設備が主に和式になっている宿泊施設。観光・レジャーによる利用を主体とし、多くは家族単位での経営です。

객실 등의 설비가 주로 일본 전통방식으로 되어 있는 숙박시설. 관광·레저를 위한 이용자가 주이며, 대부분 가족단위로 경영합니다.

9) 펜션(ペンション)

西洋風の外観・内装で、食事も主に西洋料理を提供する宿泊施設です。

서양식의 외관과 실내설비를 하고, 식사도 주로 서양요리를 제공하는 숙박시설입니다.

제2장

현관 및 객실 업무

1 예약 전에 확인할 사항

今やビジネスには欠かせないインターネット環境。お部屋にあるのか、有料なのか。ホテル選びの重要なポイントです。ご予約の前に確認しておくと便利です。

바야흐로 비즈니스에서 빠트릴 수 없는 것이 인터넷 환경. 방에 있는지, 유료인지? 호텔 선택의 중요한 포인트입니다. 예약 전에 확인해 두면 편리합니다.

客室でインターネットができますか。

객실에서 인터넷을 할 수 있습니까?

はい、お部屋とロビーで WIFIが無料でお使いいただけます。

예, 방과 로비에서 WIFI를 무료로 사용할 수 있습니다.

はい、お部屋で WIFIが使えます。

예, 방에서 WIFI를 사용할 수 있습니다.

2時間500円、1日1000円です。

2시간에 500엔, 하루에 1000엔입니다.

ホテルによっては接続環境が異なります。

호텔에 따라 접속환경이 다릅니다.

インターネット環境は、同一ホテルでもお部屋によって使用可否や料金が異なる場合があります。「使えますよ」と言われた場合でも、「どこで」使えるのかを確認するようにしましょう。

인터넷 환경은 같은 호텔 내에서도 방에 따라 사용여부나 요금이 다른 경우가 있습니다. 「사용할 수 있어요」라고 말하는 경우에도 「어디에서」 사용할 수 있는가를 확인하도록 합시다.

ホテルの設備やサービスを事前に確かめるにはメールがもっとも手軽ですが、時には返事が来ないこともあります。そんな時は迷わず電話で問い合わせてみましょう。

호텔 설비나 서비스를 사전에 확인하는 데에는 메일이 가장 편리합니다만, 때로는 답장이 오지 않는 경우도 있습니다. 그럴 때에는 망설이지 말고 전화로 문의하여 확인해 봅시다.

空港送迎のシャトルバスはありますか。

공항으로 마중 오는 셔틀버스가 있습니까?

はい、無料のシャトルサービスがあります。

예, 무료 셔틀 서비스가 있습니다.

どうやって乗ったらいいのですか。料金は。

어떻게 타면 됩니까? 요금은?

無料です。

무료입니다.

空港までお迎えにあがりますので、到着時間とフライトをお知らせください。

공항까지 미중 가니까 도착시간과 항공편을 알려주십시오.

フライトナンバーはKAL678で、午後3時10分に到着します。

항공편 번호는 KAL678이고, 오후 3시 10분에 도착합니다.

無料シャトルバス運行

総社駅発	サントピア 岡山総社発	期間中 毎日運行
9:00	8:40	
9:30	9:10	1日 5往復
10:00	9:40	
14:20	14:00	
17:20	17:00	

空港に到着したら電話をください。

공항에 도착하시면 전화를 주세요.

迎えに行きます。

마중 가겠습니다.

30分おきに回っていますので、ホテルのサインのところで待って
いてください。

30분 간격으로 돌고 있으니 호텔 사인이 있는 곳에서 기다려주세요.

まだ予約していないので、後でご連絡します。

아직 예약하지 않아으니 나중에 여락드리겠슈니다

② 객실 예약

호텔(ホテル)업무는 예약으로부터 시작된다. 대부분의 투숙객(投宿客)은
예약을 하고 호텔을 찾기 때문이다.

1) 온라인 예약

国内宿泊オンライン予約

オンライン予約サービス 🖥

24時間 インターネットで予約完了!
国内旅行はこちら　海外旅行はこちら

国内ツアーオンライン予約

- 国内宿泊オンライン予約(국내숙박 온라인 예약)

- オンライン予約サービス(온라인 예약 서비스)

- インターネットで予約完了(인터넷으로 예약완료)

- 国内旅行はこちら(국내여행은 이쪽)

- 海外旅行はこちら(해외여행은 이쪽)

- 国内ツアーオンライン予約(국내여행 온라인 예약)

客室・レストラン・宴会/パーティー・ウェディングの予約

予約したいものは何ですか？

ホテルの客室 | ホテル内のレストラン | ウェディング来館予約 | 宴会場、パーティープラン

ホテルの宿泊は、オンラインもしくはお電話にて6ヶ月先までのご予約が可能です。

ホテルの客室　予約　　オンラインで予約　　電話で予約

宿泊日 [　　　　　　　　　　] 📅　　泊数 [1泊 ▼]

▶ 検索

客室(きゃくしつ)・レストラン・宴会(えんかい)/パーティー・ウェディングの予約(よやく)
객실 · 레스토랑 · 연회/파티 · 웨딩의 예약

予約(よやく)したい物(もの)は何(なん)ですか。
예약하고 싶은 것은 무엇입니까?

ホテルの客室(きゃくしつ)
호텔 객실

ホテル内(うち)のレストラン
호텔 내 레스토랑

ウェディング 来館(らいかん)予約(よやく)
웨딩을 위한 예약

宴会場(えんかいじょう)、　パーティープラン
연회장, 파티 계획

ホテルの客室 予約

호텔 객실 예약

オンラインで予約

온라인으로 예약

電話で予約

전화로 예약

宿泊日

숙박일

泊数

숙박일수

検索 予約済みの方の履歴確認・変更はこちら

검색 예약이 끝난 분의 이력 확인・변경은 이쪽

エリアから宿を探す

北海道

沖縄　中国　北陸　信越　東北

九州　　　　　　　関東

四国　近畿　東海

○ ~박(泊)

いっぱく 一泊	にはく 二泊	さんぱく 三泊	よんはく 四泊	ごはく 五泊
1박	2박	3박	4박	5박
ろっぱく 六泊	ななはく 七泊	はっぱく 八泊	きゅうはく 九泊	じっぱく 十泊
6박	7박	8박	9박	10박

○ ホテルの宿泊は、オンラインもしくはお電話にて6ヶ月先までのご予約が可能です。

호텔 숙박은 대개 인터넷 혹은 전화로 6개월 전까지의 예약이 가능합니다.

宿泊のご案内

2) 전화 예약

もしもし、アリランホテルですか。
여보세요. 아리랑 호텔입니까?

はい、アリランホテルの予約係でございます。
예, 아리랑 호텔 예약 담당입니다.

あしたの夜、シングルルームを予約したいのですが、一泊おいくらですか。
내일 밤, 싱글 룸을 예약하고 싶습니다만, 1박에 얼마입니까?

20万ウォンです。
20만 원입니다.

もっと安い部屋はありませんか。
좀 더 싼 방은 없습니까?

少しせまくなりますが、18万ウォンの部屋が空いています。

조금 좁습니다만, 18만 원 방이 비어 있습니다.

それにしてください。

그것으로 해 주세요.

何時ごろ、いらっしゃいますか。

몇 시경 오십니까?

午後4時ごろです。

오후 4시경입니다.

もしもし、国際ホテルですか。

여보세요, 국제 호텔입니까?

はい、客室予約係の金でございます。

예, 객실 예약 담당 김동일입니다.

田中と言いますが、予約できますか。

다나카라고 합니다만, 예약할 수 있습니까?

お部屋を予約したいんです。

방을 예약하고 싶습니다.

ツインルームを予約したいんです。

트윈 룸을 예약하고 싶습니다.

ロッテホテルですか。予約係をお願いします。

롯데호텔입니까? 예약담당을 부탁드립니다.

予約係の李でございます。

예약담당 이한나입니다.

私は日本からの観光客です。

저는 일본에서 온 관광객입니다.

さようでございますか。ご用をおっしゃってください。

그렇습니까? 용건을 말씀해 주세요.

4月29日から5月2日までシングルルームがありますか。

4월 29일부터 5월 2일까지 싱글 룸이 있습니까?

4月29日からですね。

4월 29일부터 말씀이죠.

ご利用できるお部屋があるかお調べいたします。

이용하실 수 있는 방이 있는지 알아보겠습니다.

お待たせしました。お部屋はございます。

기다리게 해서 죄송합니다. 방은 있습니다.

どのようなお部屋がよろしいでしょうか。

어떤 방이 좋겠습니까?

海の見える眺めのいいお部屋がいいんですが。

바다가 보이는 전망 좋은 방이 좋습니다만.

できれば少し静かな部屋がいいんですが。

가능하면 조금 조용한 방이 좋습니다만.

ありがとうございます、いつからでございますか。

고맙습니다, 언제부터입니까?

はい、いつからどのくらいお泊まりになりますか。

예, 언제부터 어느 정도 묵으실 예정입니까?

いつから、何日ぐらいお泊まりなさいますか。

언제부터 며칠 정도 묵으실 예정입니까?

5月3日からです。

5월 3일부터입니다.

ダブルルームで2泊したいんですが。

더블 룸으로 2박하고 싶습니다만.

はい、かしこまりました。5月3日からでございますね。

예, 알겠습니다. 5월 3일부터 말씀이죠.

少々お待ちください。
잠시만 기다려주십시오.

5月3日に空室があるかチェックしてみます。
5월 3일에 빈 방이 있는지 체크해 보겠습니다.

もしもし、お待たせいたしました。
여보세요, 기다리게 해서 죄송합니다.

お部屋はあります。
방은 있습니다.

お客さまのお名前と連絡先をお願いします。
손님의 성함과 연락처를 말씀해 주십시오.

恐れ入りますが、6月4日は満室でございます。
죄송합니다만, 6월 4일은 만실입니다.

5月3日から5月5日までは予約でいっぱいです。
5월 3일부터 5월 5일까지는 예약이 끝났습니다.

申し訳ございませんが、その日はシングルルームはなく、ダブル
ルームだけですが、いかがでしょうか。

죄송합니다만, 그날은 싱글 룸은 없고, 더블 룸뿐입니다만, 어떠신가요?

シングルルームは予約済みです。
싱글 룸은 예약이 끝났습니다.

そうですか。じゃ、キャンセル待ちをお願いします。
그렇습니까? 그럼 예약 취소대기자로 부탁합니다.

かしこまりました。
알겠습니다.

では、キャンセル待ちにして置きます。
그럼 예약 취소대기자로 해두겠습니다.

もしもし、そちらはシンラホテルの案内係_{あんないがかり}ですか。

여보세요, 거기는 신라호텔 안내 담당입니까?

はい、さようでございます。

예, 그렇습니다.

週末_{しゅうまつ}に利用_{りよう}できる部屋_{へや}がありますか。

주말에 이용할 수 있는 방이 있습니까?

少々_{しょうしょう}お待_まちください。調_{しら}べてみますから。

잠시만 기다려주십시오. 확인해 보겠습니다.

はい、いろいろな空_あき部屋_{べや}がございます。

예, 여러 종류의 빈 방이 있습니다.

部屋の種類とそれぞれの料金を教えてください。

방의 종류와 각각의 요금을 가르쳐주십시오.

はい、かしこまりました。

예, 알겠습니다.

シングルルームが一泊20万ウォン、ダブルルームが25万ウォン、ツインルームが30万ウォン、スイートルームが50万ウォン、またオンドルルームが24万ウォンでございます。

싱글 룸이 1박에 20만 원, 더블 룸이 25만 원, 트윈 룸이 30만 원, 스위트 룸이 50만 원, 또 온돌방이 24만 원입니다.

どうも、もっと詳しいことについては予約する時におうかがいします。さようなら。

감사합니다. 좀 더 자세한 것은 예약할 때 여쭙겠습니다. 안녕히 계세요.

3 예약 변경

もしもし、ヒルトンホテルの予約係りですか。

여보세요, 힐튼호텔 예약 담당입니까?

部屋の種類とそれぞれの料金を教えてください。

방의 종류와 각각의 요금을 가르쳐주십시오.

はい、予約係りの李でございます。

예, 예약담당 이동일입니다.

私はおととい予約した山田です。

저는 그저께 예약한 야마다입니다.

仕事のスケジュールが変わったんです。
일 스케줄이 바뀌었습니다.

それで、ホテルの予約も変更したいんですが。
그래서 호텔 예약도 변경하고 싶습니다만.

山田さまのご予約は9月6日から二泊でございますね。
야마다 씨의 예약은 9월 6일부터 2박이군요.

はい、そうです。
예, 그렇습니다.

どのようにご変更なさいますか。
어떻게 변경하고 싶으십니까?

9月9日から一泊にしたいんですが、お部屋はありますか。
9월 9일부터 1박으로 하고 싶습니다만, 방은 있습니까?

少々お待ちください。空き部屋があるかチックしてみます。
잠깐만 기다려주십시오. 빈 방이 있는지 체크해 보겠습니다.

山田さま、9月9日も大丈夫でございます。
야마다 씨, 9월 9일도 괜찮습니다.

それでは、ご予約を9月9日の一泊に変更させていただきます。
그럼 예약을 9월 9일 1박으로 변경하겠습니다.

それから、お部屋はツインルームでよろしいですか。
그리고 방은 트윈으로 괜찮습니까?

はい、けっこうです。
예, 좋습니다.

かしこまりました。
알겠습니다.

▶

どのようにご変更なさいますか。
어떻게 변경하고 싶으십니까?

▶

山田さまのご到着をお待ちしております。
야마다 씨의 도착을 기다리겠습니다.

▶

ありがとうございました。
감사합니다.

4 예약 확인

もしもし、プラザホテルの予約係りですか。

여보세요, 프라자 호텔 예약 담당입니까?

はい、プラザホテルの予約係りの全でございます。

예, 프라자 호텔 예약 담당 전일구입니다.

こちらは12月10日、部屋を予約した中村で、予約を確かめるために電話を入れました。

저는 12월 10일 방을 예약한 나카무라로, 예약을 확인하기 위해 전화를 넣었습니다.

少々お待ちください。ただいま予約をお調べ致しますから。

잠시만 기다려주십시오. 지금 즉시 예약을 확인해 드릴 테니까.

もしもし、お待ちどおさまでした。

여보세요, 오래 기다렸습니다.

お客さまのご予約は吉田社長のご夫婦のダブルルームと秘書用のシングルルーム、お泊まりの期間は1月6日から3日間になっております。

손님의 예약은 요시다 사장님 부부 더블 룸과 비서용 싱글 룸, 숙박기간은 1월 6일부터 3일간으로 되어 있습니다.

はい、そのとおりです。

예, 그렇습니다.

お電話くださいましてどうもありがとうございます。

전화 주셔서 대단히 감사합니다.

もしもし、そちらは4321の5678番ですか。

여보세요, 거기는 4321의 5678번입니까?

はい、さようでございます。何のご用ですか。

예, 그렇습니다. 무슨 용건입니까?

こちらはプラザホテルの全でございますが、中村さまをお願いします。

저는 프라자 호텔 전일구입니다만, 나카무라 씨를 부탁합니다.

中村ですが、どなたさまですか。

나카무라입니다만, 누구십니까?

中村さま。こちらはプラザホテルの予約係りの全でございます。

나카무라 씨. 저는 프라자 호텔 전일구입니다.

恐れ入りますが、おじゃまではありませんか。

죄송합니다만, 방해는 되지 않습니까?

この間、2月5日に予約なさったツインルームの予約をお確かめの
ためにお電話をさしあげました。

일전에 2월 5일에 예약하신 트윈 룸 예약을 확인하기 위해서 전화를 드렸습니다.

予約にご変更はございませんか。

예약에 변경은 없습니까?

予約には何の変更もありません。

예약에는 아무런 변경도 없습니다.

承知しました。では、ご予約の通りお待ちしております。

알겠습니다. 그럼 예약대로 기다리고 있겠습니다.

5 객실 타입

1) シングルルーム(Singel Room)

シングルベッドを 1 台備えた、一人用の客室。

1인용 침대를 갖춘 1인용 객실

2) ダブルルーム(Double Room)

ダブルベッドを1台<ruby>備<rt>だいそな</rt></ruby>えた、<ruby>二人<rt>ふたり</rt></ruby><ruby>用<rt>よう</rt></ruby>の<ruby>客室<rt>きゃくしつ</rt></ruby>。

2인용 침대를 갖춘 2인용 객실

3) ツインルーム(Twin Room)

シングルベッドを2台備えた、二人用の客室。

1인용 침대를 2개 갖춘 2인용 객실

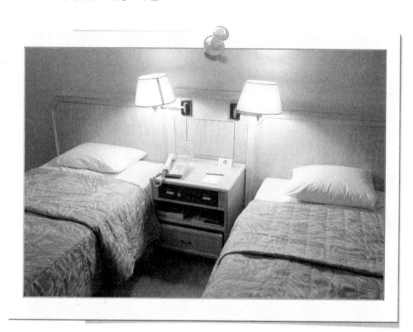

4) トリプルルーム(Triple Room)

ツインルームにエキストラベッドなどを入れて、三人で宿泊する客室。

트윈 룸에 Extra bed를 넣어 3인이 숙박하는 객실

5) フォース・ファミリールーム

トリプルルームにエキストラベッドが設置（せっち）されているもので4名以上（めいいじょう）が滞在（たいざい）できる客室（きゃくしつ）。

트리플 룸에 Extra bed가 설치되어 있는 것으로 4인 이상이 사용할 수 있는 객실

6) スイートルーム(Suite Room)

寝室にリビングルーム、応接間など他の部屋が一対になっている客室。

침실에 거실, 응접실 등 다른 방이 쌍으로 딸려 있는 객실

6 체크인이 늦어지는 상황

飛行機の到着時刻が夜遅く場合、あるいは予定よりも遅延した場合に、ホテルに一言連絡を入れる場合の会話です。基本はゆっくり、はっきり大きな声で話すことです。特に電話は聴き取りにくいことがありますから気をつけましょう。

비행기 도착시각이 밤늦은 경우, 혹은 예정보다 지연된 경우에, 호텔에 한마디 연락을 할 경우의 회화입니다. 기본은 천천히, 확실히 큰 소리로 말하는 것입니다. 특히 전화는 알아듣기 어려운 경우가 있기 때문에 주의합시다.

もしもし、チェックインが遅くなります。
여보세요, 체크인이 늦어질 것 같습니다.

フライトが遅れて到着は夜の10時ぐらいになります。大丈夫ですか。
비행기가 늦어서 도착은 밤 10시경이 될 것 같습니다. 괜찮겠습니까?

ええ、問題ありません。お部屋はおとりしておきます。
예, 문제는 없습니다. 방은 잡아놓겠습니다.

お名前を教えていただけますか。
성함을 가르쳐주실 수 있습니까?

ありがとう、金です。それでは。
고마워요, 김동일입니다. 그럼.

家族経営のプチホテルやペンションのように、レセプションが24時間営業でない施設もあります。到着が遅くなる場合は、事前に到着時間を忘れずに連絡しておくことはもちろん、到着時にも念のため空港から電話を入れましょう。

가족들이 경영하는 소형 호텔이나 펜션처럼, 리셉션이 24시간 영업하지 않는 시설도 있습니다. 도착이 늦어지는 경우는, 사전에 도착시간을 잊지 말고 연락해 두는 것은 물론, 도착하는 대로 공항에서 전화를 해둡니다.

1) 호텔의 셔틀버스가 오지 않는다(ホテルのシャトルバスが来ない。)

30分ほどシャトルバスを待っているのですが、まだ来ないのです。
30분 정도 셔틀버스를 기다리고 있습니다만, 아직 오지 않습니다.

今どちらにいらっしゃいますか。
지금 어디에 계십니까?

ターミナル1のシャトルバス乗り場です。
터미널 1의 셔틀버스 승강장입니다.

10分ほどでまいりますので、もう少々お待ちください。
10분 정도 후에 가니까, 조금만 더 기다려주십시오.

わかりました。待ちます。
알겠습니다. 기다리겠습니다.

タクシーで行きますので、シャトルバスはキャンセルしてください。
택시로 가므로, 셔틀버스는 취소해 주세요.

⑦ 체크인

○ チェックインの時間よりも早く着いてしまったら、まずは部屋に入れるか聞いてみましょう。もしダメでも、荷物を預けてしまえば身軽に動けます。

체크인 시간보다 일찍 도착했다면, 먼저 방에 들어갈 수 있는지 물어봅시다. 만약 들어갈 수 없어도 짐을 맡기면 가볍게 움직일 수 있습니다.

いらっしゃいませ。チェックインですか。
어서 오세요. 체크인 하실 겁니까?

はい、今すぐチェックインできますか。
예, 지금 바로 체크인 할 수 있습니까?

ご予約のお名前をお願いします。
예약할 때의 성함을 말씀하십시오.

木村の名前で予約をしています。

기무라라는 이름으로 예약했습니다.

申し訳ありません。まだお部屋のご用意ができておりません。

죄송합니다. 아직 방이 준비되어 있지 않습니다.

チェックイン時間まで、荷物を預かってもらえますか。3時間くらいで戻ります。

체크인 시간까지 짐을 맡길 수 있습니까? 3시간 정도 후에 돌아오겠습니다.

ええ、もちろんです。

예, 물론입니다.

準備ができたら電話をいただけますか。

준비가 끝나면 전화를 받을 수 있겠습니까?

番号は1234-5678です。

번호는 1234-5678입니다.

○ もし預かってもらう場合は、貴重品は必ず自分で保管し、預ける荷物にもしっかり鍵をかけましょう。

만약 맡긴 경우는 귀중품은 반드시 스스로 보관하고, 맡긴 짐에도 반드시 열쇠를 채워 둡시다.

いらっしゃいませ。ご宿泊でございますか。
어서 오세요. 숙박하실 겁니까?

はい、予約しなかったんですが、部屋はありますか。
예, 예약하지 않았습니다만, 방은 있습니까?

申し訳ございませんが、本日はスイートルームだけですが。
죄송합니다만, 오늘은 스위트 룸뿐입니다만.

8 이용안내

何時_{なんじ}に開_{ひら}きますか。

몇 시에 오픈합니까?

朝_{あさ}6時_じから午後_{ごご}9時_じまで営業_{えいぎょう}いたします。

아침 6시부터 오후 9시까지 영업합니다.

誰_{だれ}でも利用_{りよう}できますか。

누구라도 이용할 수 있습니까?

お客_{きゃく}さまがホテルにお泊_とまりでしたら、無料_{むりょう}でございます。

손님이 호텔에 숙박하신다면 무료입니다.

ロッカーで水着にお取り替えてください。
로커에서 수영복으로 갈아입으세요.

レッスンをご希望のお客さまは デスクで登録なさってください。
레슨을 희망하는 손님은 데스크에서 등록해 주십시오.

皮膚病や他の種類の病気をお持ちの方は プール場の入場をお断り致します。

피부병이나 다른 종류의 병을 가지신 분은 풀장의 입장을 금지하고 있습니다.

マッサージやあかすりサービスを ご希望の方はご予約お願いします。
마사지나 때밀이 서비스를 희망하시는 분은 예약을 부탁합니다.

サウナの中では雑誌や新聞をごらんにならないでください。
사우나 안에서는 잡지나 신문을 보지 말아주십시오.

ホテルのシャトルバスをご利用できます。
호텔 셔틀버스를 이용할 수 있습니다.

30分おきにシャトルバスを運行しております。

30분 간격으로 셔틀버스를 운행하고 있습니다.

空港行きのバスはあちらから出発いたします。

공항으로 가는 버스는 저쪽에서 출발합니다.

⚠入場禁止・利用規制

1) 호텔 조직표(ホテル組織表)

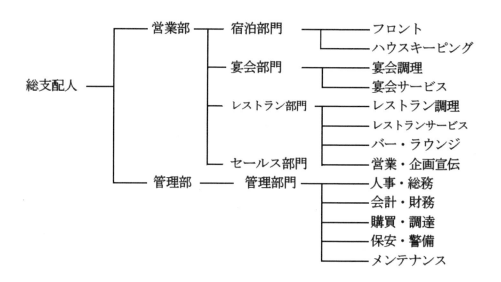

総支配人 (총지배인)	営業部 (영업부)	宿泊部門 (숙박부문)
フロント (프런트)	ハウスキーピング (하우스키핑)	宴会部門 (연회부문)
宴会調理 (연회조리)	宴会サービス (연회서비스)	レストラン部門 (레스토랑부문)
レストラン調理 (레스토랑조리)	レストランサービス (레스토랑서비스)	バー・ラウンジ (바・라운지)
セールス部門 (세일부문)	営業・企画宣伝 (영업・기획선전)	管理部 (관리부)
管理部門 (관리부문)	人事・総務 (인사・총무)	会計・財務 (회계・재무)
購買・調達 (구매・조달)	保安・警備 (보안・경비)	メンテナンス (메인터넌스)

9 호텔의 설비

1) 외부설비

フロント
(프런트)

けいたいひんあずか しょ
携帯品預り所
(휴대품 보관소)

しんかん
新館
(신관)

ほんかん
本館 (본관)

べっかん
別館 (별관)

げんかん
玄関 (현관)

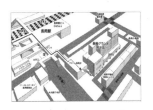

こうない
構内
(구내)

プール
(풀)

エレベーター
(엘리베이터)

ナイトクラブ
(나이트클럽)

コーヒーショップ
(커피숍)

ロビー
(로비)

カクテルバー
(칵테일 바)

スナックバー
(스낵 바)

レストラン
(레스토랑)

サウナ
(사우나)

ショッピングセンター
(쇼핑가)

ヘルスクラブ
(헬스클럽)

会議場 (회의장)

宴会場 (연회장)

非常口 (비상구)

ホール (홀)

ラウンジ (라운지)

駐車場 (주차장)

せいさん
精算 (정산)

りょうがえ
両替 (환전)

かいけい
会計 (회계)

2) 객실내부

てあら
お手洗い/トイレ
(화장실)

よくそう
浴槽
(욕조)

せんめんだい
洗面台
(세면대)

いす
椅子 (의자)

れいぞうこ
冷蔵庫 (냉장고)

テレビ (텔레비전)

タオル
(타월)

ナイトテーブル
(나이트 테이블)

テーブル
(테이블)

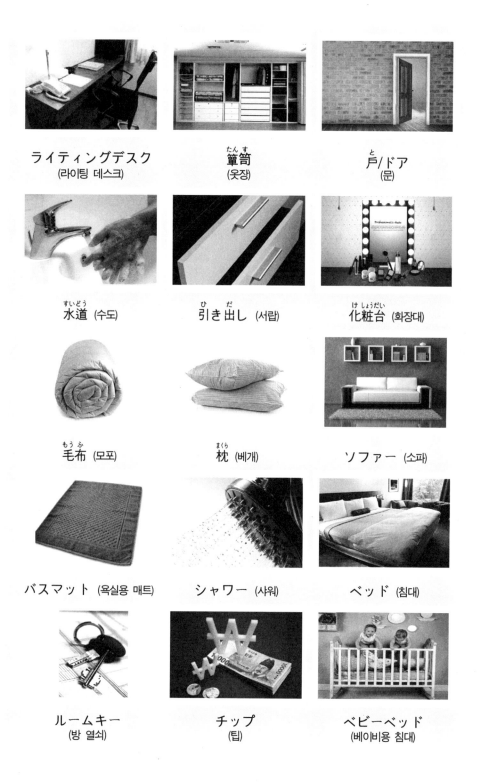

ライティングデスク
(라이팅 데스크)

箪笥 (たんす)
(옷장)

戸/ドア (と)
(문)

水道 (すいどう) (수도)

引き出し (ひ だ) (서랍)

化粧台 (け しょうだい) (화장대)

毛布 (もうふ) (모포)

枕 (まくら) (베개)

ソファー (소파)

バスマット (욕실용 매트)

シャワー (샤워)

ベッド (침대)

ルームキー
(방 열쇠)

チップ
(팁)

ベビーベッド
(베이비용 침대)

コンセント (콘센트)

スタンド (스탠드)

スリッパー (슬리퍼)

ベッドカバー
(베드커버)

ベッドシーツ
(베드시트)

ルームナンバー
(방 번호)

カーテン
(커튼)

ティッシュー
(화장지)

使い捨てかみそり
(일회용 면도기)

シャンプー (샴푸)

はみがき (치약)

はブラシ (칫솔)

⑩ 도어 서비스

玄関の安全をお守りすること、車やバスやタクシーの誘導、ご宿泊の
お客さまをロビーまで案内することが主な業務です。細かくは、周辺
道路やバスの発着時刻などのインフォメーション業務、国旗の上げ降
ろしなどがあります。中でも社用車でいらっしゃるお客さまに関し
て、車種とナンバープレート、会社名、お顔、お名前、肩書きを暗記
しなければならないことが大変です。

현관의 안전을 지키는 것, 자동차나 버스, 택시의 유도, 숙박손님을 로비까지 안내하는 것
이 주요 업무입니다. 세부적으로는 주변도로나 버스의 출발이나 도착시각 등의 인포메이
션 업무, 국기 게양 등이 있습니다. 그중에서도 회사차로 오시는 분에 관해서는 차종과
등록 번호판, 회사명, 얼굴, 성함, 직함(지위)을 암기하는 것이 중요합니다.

いらっしゃいませ。ご宿泊でございますか。

어서 오십시오. 숙박하실 겁니까?

お荷物をお持ち致します。

짐을 들어드리겠습니다.

この荷物を中へ持って行ってください。

이 짐을 안으로 가지고 가주십시오.

はい、かしこまりました。お荷物はこれだけですか。

예, 알겠습니다. 짐은 이것뿐입니까?

そうですよ。

그래요.

あちらで宿泊の手続きをするのですか。
저기서 숙박수속을 합니까?

はい、さようでございます。
예, 그렇습니다.

左側にいるのが担当の者でございます。
왼쪽에 있는 사람이 담당자입니다.

内側のドアは自動ドアでございます。
안쪽 문은 자동문입니다.

回転ドアにご用心ください。
회전문에 조심하십시오.

いらっしゃいませ。チェックインでございましょうか。
어서 오십시오. 체크인 하실 겁니까?

ええ、そうです。
예, 그렇습니다.

フロントまでご案内します。こちらへどうぞ。
프런트까지 안내하겠습니다. 이쪽으로 오십시오.

フロントはこちらです。どうぞ。
프런트는 이쪽입니다. 어서 오세요.

荷物をお持ちしましょうか。
짐을 들어드릴까요?

ありがとう。
고마워요.

かばんはいくつですか。

가방은 몇 개입니까?

ベルマンをお呼びましょうか。

벨 맨을 부를까요?

お心はありがとうございますが、チップはご遠慮させていただきます。

마음은 고맙습니다만, 팁은 사양하겠습니다.

こんにちは、お帰りでございますか。

안녕하세요. 돌아가십니까?

3時の飛行機で帰ります。

3시 비행기로 돌아갑니다.

さようでございますか。

그렇습니까?

タクシーをお呼びいたしましょうか。

택시를 불러드릴까요?

フロントの前に黒いかばんがあるんだけど、持ってきてください。

프런트 앞에 검은 가방이 있는데 가지고 와주세요.

はい、かしこまりました。

예, 알겠습니다.

荷物を車に乗せましょうか。

짐을 차에 실을까요?

この荷物はトランクにお入れします。

이 짐은 트렁크에 넣겠습니다.

ありがとう。

고마워요.

ご利用いただきましてありがとうございます。

이용해 주셔서 감사합니다.

こんにちは。かばんをお持ち致しましょうか。

안녕하세요. 가방을 들어드릴까요?

大丈夫ですよ。軽いから、私が持って行きます。

괜찮아요. 가벼우니까 제가 가지고 가겠습니다.

宿泊の申し込みはどこでしょうか。

숙박신청은 어디서 합니까?

左側に見えますフロントデスクで登録ください。

왼쪽에 보이는 프런트 데스크에서 등록해 주세요.

ああ、そう、ありがとう。

아 그래요, 고마워요.

⑪ 벨 맨

宿泊客のチェックイン、チェックアウトする時の案内、誘導を主な業務とするホテルの従業員です。ルーム・チェンジ、客の呼び出し、ロビーの整理、客室への荷物運搬、客室内の説明、メッセンジャー・サービスなどを担当です。

투숙객의 체크인, 체크아웃 할 때의 안내, 유도하는 것을 주요한 업무로 하는 호텔 종업원입니다. 룸 체인지, 손님의 호출, 로비의 정리, 객실로 짐 운반, 객실 내의 설명, 배달 서비스 등을 담당한다.

ベルマンの洪吉童と申します。

벨 맨인 홍길동이라고 합니다.

お部屋までご案内いたします。どうぞこちらへ。

방까지 안내하겠습니다. 이쪽으로 오세요.

ああ、お荷物は私がお持ち致します。

아, 짐은 제가 들겠습니다.

お荷物は二つだけですか。

짐은 2개뿐입니까?

お先にどうぞ。キーは私にください。

먼저 타세요. 키는 저에게 주십시오.

お部屋にご案内します。

방으로 안내하겠습니다.

▶

こちらが5132号室でございます。

여기가 5132호실입니다.

▶

どうぞ、おはいりくださいませ。

어서 들어오십시오.

▶

これが押し入れで、あれが浴室でございます。

이것이 벽장이고, 저것이 욕실입니다.

▶

電気のスイッチはこれでございます。

전기 스위치는 이것입니다.

▶

暖房調節はこの装置でします。

난방조절은 이 장치로 합니다.

▶

非常口はあそこでございます。

비상구는 저곳입니다.

▶

貴重品や現金は、フロントキャッシャーにお預け願います。

귀중품이나 현금은 프런트 캐셔에게 맡겨주세요.

▶

こちらがお荷物の預り證でございます。

이것이 짐을 맡긴 영수증입니다.

▶

受取りの際にはこれを見せてください。

찾으실 때는 이것을 보여주세요.

▶

ベルマンです。荷物を持ってまいりました。

벨 맨입니다. 짐을 가지고 왔습니다.

▶

お客さまの荷物か確認してください。

손님의 짐인지 확인해 주십시오.

どちらに置きましょうか。

어디에 놓을까요?

こちらに置いてください。ありがとう。

이쪽에 놓아주세요. 고마워요.

部屋のそうじと洗濯物などのサービスが必要な時はいつでもルームメードを呼んでください。

방 청소와 세탁 서비스 등의 서비스가 필요할 때는 언제든지 룸 메이드를 불러주세요.

どうぞゆっくりお休み願います。

천천히 쉬십시오.

スカイラウンジはエスカレーターを利用してお上がりください。

스카이라운지는 에스컬레이터를 이용해서 올라가 주세요.

その他、ご不便な点がございましたら、5番ベルデスクにご連絡
ください。

그 외, 불편한 점이 있으면, 5번 벨 데스크로 연락 주십시오.

もしもし、5132号室でございますか。

もしもし、5132号室でございますか。

여보세요, 5132호실입니까?

はい、田中ですが。

예, 다나카입니다만.

こんばんは。田中さま、ベルデスクの李です。

안녕하세요. 다나카 씨, 벨 데스크의 이두용입니다.

洪吉童というお方がご面会にいらっしゃいました。

홍길동이라는 분이 면회 와 있습니다.

お部屋にご案内いたしましょうか。

방까지 안내해 드릴까요?

コーヒーショップで待つように伝えてください。

커피숍에서 기다리도록 전해주십시오.

すぐそちらへ降りて行きますから。

지금 바로 그곳으로 내려갈 테니까.

朝ご飯を食べてチェックアウトしますから、荷物を降ろしてください。

아침밥을 먹고 체크아웃 할 테니까 짐을 내려주십시오.

はい、すぐベルマンを行かせます。

예, 곧 벨 맨을 보내겠습니다.

12 하우스키핑

清掃した後の客室の点検や、家具・備品などの維持管理が主な業務です。また、アイロン、加湿器などさまざまな備品の貸し出しや、洗濯物を扱うランドリーサービスも、ハウスキーピング部門の業務に入ります。

청소한 뒤의 객실 점검이나 가구·비품 등의 유지관리가 주요한 일입니다. 또 다리미, 가습기 등 여러 가지 비품을 빌려주거나 세탁물 취급하는 세탁서비스도 하우스키핑 부문의 업무에 들어갑니다.

こんばんは、ハウスキーピングの事務所の李でございます。

안녕하세요. 하우스키핑 사무소 이갑순입니다.

洗濯物を持ってまいりました。

세탁물을 가지고 왔습니다.

サインしてから領収書を受け取ってください。

사인한 뒤 영수증을 받아주세요.

こちらは615号室ですが、浴室のお湯が出ませんよ。

이쪽은 615호실입니다만, 욕실에 더운물이 나오지 않아요.

どうも、申し訳ございません。

대단히 죄송합니다.

お客さま、すぐ調べてお直しいたします。

손님 곧 조사해서 고치겠습니다.

失礼ですが、ハウスキーパーです。
실례입니다만, 하우스키핑입니다.

浴室の修理にまいりました。
욕실 수리하러 왔습니다.

ちょっと入ってもよろしいでしょうか。
잠깐 들어가도 되겠습니까?

あ、待っておりました。どうぞお入りください。
아, 기다리고 있었습니다. 어서 들어오세요.

部屋が少し寒いです。毛布を二枚ください。
방이 조금 춥습니다. 모포를 2장 주십시오.

すみませんが、タオルをもう一枚持ってきてください。
미안합니다만, 타월을 한 장 더 가지고 오세요.

ワイシャツを洗濯したいのですが。

와이셔츠를 세탁하고 싶습니다만.

失礼いたします。部屋の掃除をしにまいりました。

실례합니다. 방 청소를 하러 왔습니다.

ハウスキーピングに何かをお願いする場合は、まずハウスキーピング

（またはフロント）に電話をかけ、ルームナンバーを名乗ってから用件

を伝えます。

하우스키핑에게 뭔가를 부탁하는 경우, 먼저 하우스키핑(혹은 프런트)에 전화를 걸어, 룸 객실번호를 말하고 용건을 전달합니다.

部屋の掃除をしてもらえませんか。

방 청소를 해주시겠습니까?

今日は掃除してくれなくて結構です。

오늘은 청소하지 않아도 됩니다.

（▶）

食器を下げてもらえますか。

식기를 치워주시겠습니까?

（▶）

部屋の湿度を上げて(下げて)もらえますか。

방의 온도를 올려(내려)주시겠습니까?

（▶）

ここの水は飲んでも大丈夫ですか。

이곳 물은 먹어도 됩니까?

（▶）

いつ用意ができますか。

언제 준비가 됩니까?

（かみそり）をもらえますか。
（면도기）를 주시겠습니까?

歯ブラシ
칫솔

ソープ
비누

シャンプー
샴푸

タオル
타월

ソーイングセット
바느질세트

ナイフ、フォーク
나이프, 포크

体温計
체온계

体重計
체중계

爪切り
손톱깎이

バンドエイド
밴드에이드

洋服ハンガー
양복걸이

化粧用コットン
화장용 코튼

綿棒
면봉

洗濯洗剤
빨래세제

生理ナプキン
생리냅킨

加湿器
가습기

この（　　　　）の使い方を教えていただけますか。

이 （　　　　）의 사용법을 가르쳐주시겠습니까?

コーヒーメーカー
커피메이커

ファックスマシン
팩스기

シャワー
샤워장치

目覚まし時計
자명종

⑬ 프런트

チェックインやチェックアウト、会計業務の他に、宿泊の予約対応や顧客データの管理、館内設備の案内などが主な業務です。

체크인이나 체크아웃, 회계업무 외에 숙박의 예약대응이나 고객데이터의 관리, 관내설비의 안내 등이 주요한 업무입니다.

いらっしゃいませ。お名前をおっしゃってください。

어서 오십시오. 성함을 말씀해 주세요.

田中一郎です。

다나카 이치로입니다.

予約できているか確認してください。

예약되어 있는지 확인해 주세요.

少々お待ちください。

잠깐만 기다려주십시오.

はい、予約できております。

예, 예약되어 있습니다.

シングルルームでございますね。

싱글 룸이지요.

ええ、そうです。

예, 그렇습니다.

ここにご署名くださいませ。

여기에 서명해 주세요.

お客さまのお部屋は5106号室でございます。

손님의 방은 5106호실입니다.

これがお部屋のかぎでございます。

이것이 방의 열쇠입니다.

お荷物は係りの者が持ってまいります。

짐은 팀딩자가 들고 깁니다.

いらっしゃいませ。
어서 오십시오.

私は洪吉童です。宿泊をお願いします。
저는 홍길동입니다. 숙박을 부탁합니다.

ご予約ですか。
예약하셨습니까?

はい、ソウルで予約しました。
예, 서울에서 예약했습니다.

お待ちしておりました。ホテルアカシアへようこそ。
기다리고 있었습니다. 아카시아 호텔에 오신 것을 환영합니다.

このカードにご記入ください。

이 카드에 기입해 주십시오.

こちらにお名前とご住所をお書きください。

이쪽에 성함과 주소를 써주십시오.

すぐ入れますか。

바로 들어갈 수 있습니까?

2時からです。

2시부터입니다.

お客様宿泊カード　　　年　　月　　日　　　№ 025007

会社名	様
ご氏名	様
ご住所	
TEL	

2枚目が領収証となっておりますので、宛先となる会社名をご記入下さい。

宿泊予定　　月　　日～　　月　　日

使用ルーム№

¥

〔ご注意〕貴重品は、ご本人が直接フロントにお預け下さい。

お部屋は3315号室でございます。
방은 3315호실입니다.

お部屋の鍵はオートロックになっております。
방 열쇠는 오토 록으로 되어 있습니다.

私は係りの野村でございます。お部屋はこちらです。
저는 담당인 노무라입니다. 방은 이쪽입니다.

こちらのホテルに泊まりたいのですが。
이 호텔에 묵고 싶습니다만.

部屋はあいていますか。
빈방이 있습니까?

一泊いくらですか。

1박에 얼마입니까?

20万ウォンです。

20만 원입니다.

食事はついていますか。

식사는 딸려 있습니까?

はい、一泊二食です。

예, 1박 2식입니다.

お部屋は洋室と和室とどちらがよろしいですか。

방은 양식과 일본식 중 어느 쪽이 좋겠습니까?

部屋一つありますか。

방 하나 있습니까?

申し訳ございませんが、本日は満室でございます。

죄송합니다만, 오늘은 만실입니다.

ただいまベルマンがご案内いたしますので、少々お待ちくだ
さい。

지금부터는 벨 맨이 안내합니다. 잠시만 기다려주십시오.

お待たせしました。

기다리게 해서 죄송합니다.

お部屋までご案内いたします。

방까지 안내하겠습니다.

お荷物をお持ちいたします。

짐을 들어드리겠습니다.

お荷物はいくつですか。
짐은 몇 개입니까?

全部で三つです。
전부 3개입니다.

こわれものはございませんか。
부서지는 것은 없습니까?

ありません。
없습니다.

おとどけいたします。
옮겨드리겠습니다.

お願いします。
부탁합니다.

お食事は別料金になっております。
식사는 별도 요금으로 되어 있습니다.

14 룸서비스

もしもし、ルームサービスですか。
여보세요. 룸서비스입니까?

はい、ルームサービスの朴でございます。
예, 룸서비스 박입니다.

こちらは7254号室です。
여기는 7254호실입니다.

モーニングコールをお願いします。
모닝콜을 부탁합니다.

何時にいたしましょうか。

몇 시에 해드릴까요?

6時にお願いします。

6시에 부탁합니다.

ルームサービスで注文できるものは何がありますか。
룸서비스로 주문할 수 있는 것은 무엇이 있습니까?

ウイスキーのオンザロックを二つお願いします。
위스키 온더록스를 2개 부탁합니다.

どのくらいかかりますか。
어느 정도 걸립니까?

10分ほどでお持ちします。
10분 이내에 가지고 가겠습니다.

はい、すぐお持ちします。
예, 바로 가지고 가겠습니다.

ご注文くださいましてありがとうございます。

주문해 주셔서 감사합니다.

注文を追加します。

주문을 추가하겠습니다.

おつまみとビールを持ってきてください。

안주와 맥주를 가지고 오세요.

はい、今すぐお持ちします。

예, 지금 바로 갖다 드리겠습니다.

てんぷら定食二人前すぐ持っていきます。

튀김정식 2인분 바로 가지고 가겠습니다.

では、今すぐウェイターを行かせます。

그럼, 바로 지금 웨이터를 보내겠습니다.

そのお料理は時間がかかりますが、それでもいいですか。

그 요리는 시간이 걸립니다만, 그래도 괜찮겠습니까?

食事を持ってくる時、たばこも一箱持ってきてください。

식사를 가지고 올 때, 담배도 한 갑 가지고 오세요.

申し訳ございません。今そのメニューはできません。

죄송합니다. 지금 그 메뉴는 할 수 없습니다.

さっき注文したのを取り消したいのですが。

아까 주문한 것을 취소하고 싶습니다만.

お客さまがご注文されたお飲み物をお持ちしました。

손님이 주문하신 음료수를 가지고 왔습니다.

ランドリーサービスはありますか。
세탁서비스는 있습니까?

はい、ございます。
예, 있습니다.

背広をお願いします。
양복을 부탁합니다.

あしたの午後4時までに仕上がりますか。
내일 오후 4시까지 됩니까?

はい、特急サービスがございます。
예, 특급 서비스가 있습니다.

担当の者が取りにまいります。
담당자가 가지러 갑니다.

15 전화서비스

호텔에 있어, 손님의 의사전달·사내 업무연락·모든 서비스의 정보전달 등 90% 이상이 전화에 의한다. 또 호텔 외부에서 모든 숙박, 연회에 관한 주문도 전화로 하는 경우가 많다.

1) 전화 관련 용어

- 電話をかける: 전화를 걸다.
- 電話がなる: 전화가 울리다.
- 電話をきる: 전화를 끊다.
- 電話がかかってくる: 전화가 걸려오다.
- 電話をつなぐ: 전화를 연결하다.
- つながらない: 통화가 되지 않다.
- 電話をかえる: 전화를 바꾸다.
- 電話が切れる: 전화가 끊기다.
- 留守番電話: 자동응답기능이 있는 전화
- 電話に出る: 전화를 받다.
- 電話をする: 전화를 하다.
- 電話にかわる: 전화를 바꾸다.
- 電話を入れる: 전화를 넣다.
- 電話がつながる: 전화가 연결되다.
- 電話を回わす: 전화를 돌리다.
- 電話を切る: 전화를 끊다.

電話 전화	電話帳 전화번호부	電話料金 전화요금	国際電話 국제전화
電話番号 전화번호	ダイヤル 다이얼	受話器 수화기	通話中 통화 중
携帯電話 휴대전화	ファクシミリ 팩시밀리	公衆電話 공중전화	混線 혼선
留守番電話 부재중 전화	いたずら電話 장난전화	淫乱電話 음란전화	

2) 일반전화

- 少々お待ちください。(잠시만 기다려주세요.)

- ただいま、外出中です。(지금 외출 중입니다.)

- ただいま、かわります。(지금 바꿔드리겠습니다.)

- お伝えします。(전해드리겠습니다.)

- 2時にもどる予定です。(2시에 돌아올 예정입니다.)

- 今日はもどりません。(오늘은 돌아오지 않습니다.)

- 間違い電話です。(잘못 걸려온 전화입니다.)

もしもし、吉田さん、お願いします。
여보세요. 요시다 씨 부탁합니다.

吉田は、ただいま外出中です。
요시다는 지금 외출 중입니다.

1時間にもどる予定です。
1시간 후에 돌아올 예정입니다.

何かおことづけでも。
무언가 전할 말씀이라도.

朴京珍から電話があったとお伝えください。
박경진으로부터 전화가 있었다고 전해주십시오.

後でかけなおします。
나중에 다시 걸겠습니다.

おはようございます。松下電器です。

안녕하세요. 마쓰시타 전기입니다.

ご用件をどうぞ。

용건을 말씀하십시오.

田中さんをお願いします。

다나카 씨를 부탁합니다.

営業部の田中でございますか。

영업부의 다나카 말씀입니까?

そうです。

그렇습니다.

失礼ですが、どちらさまでしょうか。

실례지만 누구십니까?

ああ、韓国電気の洪吉童です。
아, 한국전기의 홍길동입니다.

洪吉童さまですね。少々お待ちください。
홍길동 씨군요. 잠시만 기다려주십시오.

田中におつなぎします。
다나카에게 연결하겠습니다.

3) 留守番電話(부재중 전화)

ただいま電話に出ることができません。
지금은 전화를 받을 수 없습니다.

発信音の後にお名前、電話番号とメッセージを録音してください。
발신음 후에 성함, 전화번호와 메시지를 녹음해 주세요.

終わりましたらシャープをおしてください。
끝나면 샤프를 눌러주세요.

韓国から来た沈靑です。今、午後7時です。
한국에서 온 심청입니다. 지금 오후 7시입니다.

帰ったら帝国ホテルまでおりかえしお電話ください。
돌아오시면 데이코쿠 호텔로 전화해 주세요.

番号は4343-7654です。よろしく。
번호는 4343-7654입니다. 부탁드립니다.

ただいま留守にしています。メッセージを録音してください

16 관광안내

あしたは自由行動（じゆうこうどう）なので、市内（しない）をまわりたいんですが。
내일은 자유시간인데 시내를 둘러보고 싶습니다만.

どういう所をごらんになりたいですか。
어떤 곳을 보고 싶습니까?

文化的（ぶんかてき）なものが見たいんです。
문화적인 것을 보고 싶습니다.

民族村（みんぞくむら）はいかがですか。
민속촌은 어떻습니까?

日本語は通じますか。

일본어는 통합니까?

はい、大丈夫です。これは観光公社の案内書です。

예, 괜찮습니다. 이것은 관광공사의 안내서입니다.

日本語で書いてありますので、どうぞ。

일본어로 쓰여 있으니까 보세요.

一週間ほど、観光したいんですけど、どこかいいところはありませんか。

일주일 정도 관광하고 싶습니다만, 어디 좋은 곳 없을까요?

市内の地図をください。

시내 지도를 주세요.

はい、どうぞ。

예, 여기 있어요.

韓国語のものはありますか。
한국어로 된 것도 있습니까?

はい、こちらです。
예, 이것입니다.

所要時間は何時間ですか。

소요시간은 몇 시간 정도입니까?

6時間です。

6시간입니다.

バスはどこから出ますか。

버스는 어디서 출발합니까?

9時にホテルから出発します。

9시에 호텔에서 출발합니다.

そのツアーはいくらですか。

그 투어는 얼마입니까?

1万6千800円です。

16,800엔입니다.

そのツアーに参加します。

그 투어에 참가하겠습니다.

観光バスのパンフレットを見せてください。

관광버스 팸플릿을 보여주세요.

博物館にはもう行かれましたか。

박물관에는 이미 가셨습니까?

まだです。

아직입니다.

こから、歩いて5分ぐらいです。

여기서부터 걸어서 5분 정도입니다.

17 컴플레인

ステーキを注文してから1時間近く待っていたんだよ。

스테이크를 주문하고 1시간 가까이 기다리고 있어요.

遅れまして申し訳ございません。

늦어서 죄송합니다.

かぎがかかりません。

열쇠가 잠기지 않습니다.

エアコンが故障しています。
에어컨이 고장입니다.

冷房が強すぎます。
난방이 너무 강합니다.

暖房がききません。
난방이 되지 않습니다.

あかりがつきません。
불이 켜지지 않습니다.

このコーヒーはなまぬるいです。
이 커피는 미적지근합니다.

熱いのとお取り替え致します。
뜨거운 것과 바꿔드리겠습니다.

お湯が出ません。
더운물이 나오지 않습니다.

トイレの水が流れません。
화장실 물이 흐르지 않습니다.

シャワーがこわれて使えません。
샤워가 고장 나서 사용할 수 없습니다.

荷物がまだ来ません。
짐이 아직 오지 않습니다.

お湯がとまりません。
더운물이 멈추지 않습니다.

遅れて申し訳ございません。
늦어서 죄송합니다.

これは私の荷物じゃありません。
이것은 제 짐이 아닙니다.

荷物が一つ足りません。
짐이 하나 부족합니다.

せっけん(タオル)がありません。
비누(타월)가 없습니다.

トイレットペーパーを持ってきてください。
화장지를 가지고 오세요.

窓が開きません。
창문이 열리지 않습니다.

隣の部屋が騒がしいのですが。
옆방이 소란스럽습니다만.

▶

部屋を変えてください。

방을 바꿔주세요.

▶

シーツが汚れています。

시트가 더럽습니다.

▶

取り替え致します。

바꿔드리겠습니다.

▶

かぎを部屋に置いたままドアを閉めてしまいました。

열쇠를 방에 둔 채로 문을 닫아버렸습니다.

▶

冷蔵庫が故障してしまったんですが、見てください。

냉장고가 고장 났습니다만, 봐주세요.

⑱ 체크아웃

○ 체크아웃은 방(部屋) 키(キー)를 반납하고 정산하는 것이다.

チェックアウトをお願いします。
체크아웃을 부탁합니다.

チェックアウト

いまチェックアウトします。
지금 체크아웃 하겠습니다.

かしこまりました。お部屋番号をどうぞ。
알겠습니다. 방 번호를 말씀해 주세요.

235号室の田中です。
235호실의 다나카입니다.

はい、お部屋代は45万ウォン、国際電話が8千ウォン、合計45万8千ウォンになります。

예, 방값 45만 원, 국제전화 8천 원, 합해서 45만 8천 원입니다.

ありがとうございます。おつりでございます。

감사합니다. 거스름돈입니다.

お客さまをお迎えできてうれしゅうございます。

손님을 맞이할 수 있어서 기쁩니다.

また、韓国にいらっしゃいましたら、お知らせくださいませ。

또, 한국에 오시면 알려주십시오.

またお泊まりいただければ光栄でございます。
또 숙박해 주시면 영광이겠습니다.

朝食以外に何かサービスをお受けになりましたか。
아침식사 이외에 뭔가 서비스를 받았습니까?

何もありません。
아무것도 받지 않았습니다.

少々お待ちください。
잠시만 기다려주십시오.

ただいま計算いたします。
바로 지금 계산하겠습니다.

お待たせいたしました。
기다리게 해서 죄송합니다.

チェックアウト時間後の延期滞在については超過料金を申し受けます。

체크아웃 시간 이후의 연장체재에 관해서는 초과요금을 받습니다.

税金、サービス料あわせて全部で3万5千円になります。

세금 서비스료 포함해서 전부 3만 5천 엔이 됩니다.

わかりました。

알겠습니다.

お支払い方法はいかがいたしましょうか。

お支払いはどのようになさいますか。

지불방법은 어떻게 해드릴까요?

カード(現金)でお願いします。
카드(현금)로 해주세요.

こちらにサインをお願いします。
여기에 사인을 해주세요.

2万円お預かりいたします。
2만 엔 받았습니다.

5千円のおかえしでございます。
5천 엔의 거스름돈입니다.

忘れ物はございませんか。
잊으신 물건은 없습니까?

当ホテルをご利用くださいましてありがとうございます。
저희 호텔을 이용해 주셔서 감사합니다.

また、ぜひお越しください。
또 꼭 오십시오.

제3장

식음료

1 음식관련 용어

食事 (식사)

食べる (먹다)

めしあがる (잡수시다)

飲む (마시다)

味あう (맛보다)

ご飯 (밥)

朝御飯/朝食
(아침식사)

昼御飯/昼食/お昼
(점심식사)

夕御飯/夕食
(저녁식사)

ごはんをつくる
(밥을 하다)

夜食
(야식)

おやつ/間食
(간식)

料理 (요리)

おかず (반찬)

薬味 (양념)

汁 (국)

具 (건더기)

腹がへる (배가 고프다)

満腹になる
(배가 부르다)

喉がかわく
(목이 마르다)

味加減をみる
(간을 보다)

味をみる (맛을 보다)

デザート (디저트)

② 예약

はい、アカシアレストランでございます。ご用件をどうぞ。
예, 아카시아 레스토랑입니다. 말씀하십시오.

あしたの夜、7時に予約をお願いしたいのですが。
내일 밤, 7시에 예약을 부탁하고 싶습니다만.

かしこまりました。何名さまでいらっしゃいますか。
알겠습니다. 몇 분이십니까?

四人です。
네 사람입니다.

テーブル席と個室がございますが。

테이블석과 개별 방이 있습니다만.

テーブル席の方でお願いします。

테이블석 쪽으로 부탁합니다.

かしこまりました。お名前とご連絡先をお願い致します。

알겠습니다. 성함과 연락처를 부탁드립니다.

はい、朴上九です。電話番号は9876の4321です。

예, 박상구입니다. 전화번호는 9876 - 4321입니다.

では、当日お待ちしております。

그럼 당일 기다리고 있겠습니다.

レストランは何時_{なんじ}からですか。

레스토랑은 몇 시부터 영업합니까?

午前_{ごぜん}9時_じより営業_{えいぎょう}しております。

오전 9시부터 영업합니다.

レストランは何時_{なんじ}までですか。

레스토랑은 몇 시까지입니까?

午後_{ごご}10時_じで閉_しめさせていただきます。

오후 10시에 문을 닫습니다.

できれば窓際_{まどぎわ}の席_{せき}をお願_{ねが}いします。

가능하면 창가의 자리로 부탁합니다.

何時_{なんじ}のご予定_{よてい}でしょうか。

몇 시 예정입니까?

今晩8時、4人の席あいていますか。

오늘밤 8시, 네 명의 자리가 비어 있습니까?

少々お待ちくださいませ。ただいまお調べいたします。

잠깐만 기다려주세요. 지금 알아보겠습니다.

お待たせしました。あいにく本日は満室でございます。

기다리게 해서 미안합니다. 공교롭게 오늘은 만실입니다.

どのようなお料理がご希望でしょうか。

어떤 요리를 희망하십니까?

朝食のご予約はお受けしておりません。

아침식사의 예약은 받고 있지 않습니다.

定食はいくらからありますか。

정식은 얼마부터 있습니까?

③ 안내

こんばんは、予約してある鈴木_{すずき}です。
오늘밤 예약한 스즈키입니다.

お待ちしておりました。
기다리고 있었습니다.

あちらのお席_{せき}をご用意_{ようい}しています。
저쪽에 자리를 준비해 두었습니다.

どうぞ、こちらのお席_{せき}でございます。
이리 오세요, 이쪽 자리입니다.

階段をあがって手前のお部屋です。
계단을 올라가서 바로 앞방입니다.

個室はありますか。
개별 방은 있습니까?

あいていますか。
비어 있습니까?

何名さまですか。
몇 분이십니끼?

3人ですが、テーブルはありますか。
세 사람입니다만, 테이블은 있습니까?

しばらくお待ちください。
잠시만 기다려주십시오.

こちらへどうぞ。

이쪽으로 오십시오.

ここの自慢料理は何ですか。

여기서 제일 잘하는 요리는 무엇입니까?

今日のおすすめ料理は何ですか。
오늘 추천요리는 무엇입니까?

定食(ていしょく)がお得(とく)です。
정식이 이익입니다.

それにします。
그것으로 하겠습니다.

それをください。
그것을 주십시오.

申(もう)し訳(わけ)ございませんが、ただいま満席(まんせき)になっております。
죄송합니다만, 지금 만석입니다.

4 식사 메뉴

1) 아침식사

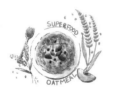
オートミール
(오트밀)

グリドルケーキ
(그리들 케이크)

ホットケーキ
(핫케이크)

クリーム
(크림)

ジュース
(주스)

オレンジジュース
(오렌지 주스)

やさいジュース
(야채 주스)

トマトジュース
(토마토 주스)

マーマレード
(마멀레이드)

ベーコン (베이컨) ソーセージ (소시지) ハム (햄)

こうちゃ
紅茶 (홍차) アイスティー (아이스 티) ミルクティー (밀크 티)

レモンティー
(레몬 티) コーヒー
(커피) コーンフレーク
(콘플레이크)

ケチャップ (케첩) ジャム (잼) バター (버터)

ヨーグルト
(요구르트) ココア
(코코아) シュレッドホイート
(슈레드 위트)

シロップ (시럽)   シリアル (시리얼)   トースト (토스트)

フレンチトースト
(프렌치 토스트)

オムレツ
(오믈렛)

プレザーブ
(프리저브)

ワッフル (와플)   マッフィン (머핀)   トーナツ (도넛)

たまご
(달걀)

いりたまご
(지진 달걀)

おとしたまご
(포치드 에그)

ゆでたまご
(보일드 에그)

かたゆでたまご
(하드보일드 에그)

目玉焼き
(프라이드 에그)

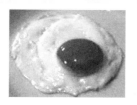

片面焼きの目玉焼き
(서니사이드 업)

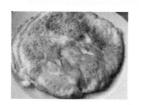

両面焼きの目玉焼き
(오버 이지)

オバーハード
(오버 하드)

2) 점심식사

カンビール
(캔 맥주)

ルートビール
(루트 비어)

クラブサンドイッチ
(클럽 샌드위치)

コーラ (콜라)

サラダ (샐러드)

シロップ (시럽)

クリーム
(크림)

タバスコ
(타바스코)

チーズバーガー
(치즈버거)

スパゲティナポリタン
(스파게티 나폴리탄)

スパゲティミートソース
(고깃덩이 넣은 스파게티)

ツナサンドイッチ
(튜너 샌드위치)

ハムサンドイッチ
(햄 샌드위치)

ミックスサンドイッチ
(믹스드 샌드위치)

ハンバーガー (햄버거)

ピザ (피자)

ミルク (밀크)

パンケーキ
(팬케이크)

ホットドッグ
(핫도그)

フライドチキン
(프라이드 치킨)

ホットチョコレート
(핫 초콜릿)

フレンチフライ
(프렌치 프라이스)

フィッシュアンドチップス
(피시 앤드 칩)

3) 저녁식사

エスカルゴ (에스카르고)

カナッペ (카나페)

キャビア (캐비아)

サラミ
(살라미)

チーズ
(치즈)

チーズの盛り合わせ
(어솔티드 치즈)

ブルーチーズ
(블루치즈)

シュウリンプカクテル
(슈림프 칵테일)

オニオングラタン
(어니언 오 그라탱)

貝のスープ
(차우더)

グラタン
(그라탱)

クラムチャウダー
(클램차우더 수프)

コーンスープ
(콘 수프)

コンソメ
(콩소메)

すっぽんのスープ
(터틀 수프)

トマトスープ　　　　　　ビスク　　　　　　　ポタージュ
(토마토 수프)　　　　　　(비스크)　　　　　　(포타즈)

ボルシチ　　　　　　　豆のスープ　　　　　　野菜スープ
(보르시치)　　　　　　(빈 수프)　　　　　　(야채 수프)

⑤ 테이블 세트

1) 아침식사

スープスプン
(수프 스푼)

オードブルナイフ
(오르되브르 나이프)

フィッシュナイフ
(피시 나이프)

テーブルナイフ
(테이블 나이프)

オーナメンタルプレート
(오너멘틀 플레이트)

テーブルフォーク
(테이블 포크)

フィッシュフォーク
(피시 포크)

オードブルフォーク
(오드불 포크)

パンさら
(브레이드 플레이트)

ナプキン
(냅킨)

白ぶどう酒用グラス
(화이트 와인 글라스)

赤ぶどう酒用グラス
(레드 와인 글라스)

シャンペン用グラス
(샴페인 글라스)

バタースプレッダー
(버터 스프레드)

ゴブレット
(고블릿)

塩入れ
(솔트 세이크)

こしょう入れ
(페이퍼 밀)

アイスクリームスプーン
(아이스크림 스푼)

フルーツナイフ (프루트 나이프)

フルーツフォーク (프루트 포크)

ティースプーン (티스푼)

バタークーラー (버터 쿨러)

6 일식 메뉴

とんカツ (돈가스)

さしみ (생선회)

てんぷら (튀김)

のりまき (김밥)

おすし (초밥)

ラーメン (라면)

すきやき (전골)

おにぎり (주먹밥)

ていしょく (정식)

そば (메밀국수)

うどん (우동)

やきそば (튀김국수)

からあげ (닭튀김) てっぱんやき (철판구이) やきとり (닭꼬치구이)

どんぶり (덮밥) うなぎどん (장어덮밥) ぎゅうどん (쇠고기덮밥)

しゃぶしゃぶ (샤부샤부) やきめし (볶음밥) やきざかな (생선구이)

すぶた (탕수육) カップラーメン (컵라면) きびだんご (수수경단)

つくだに (조림) ぎょうざ (만두) おつゆ (국물)

みそしる (된장국) すいもの (맑은국) あぶらけ (유부)

すあえ (초무침) すましじる (맑은장국) べんとう (도시락)

7 요리의 재료

1) 생선(魚)

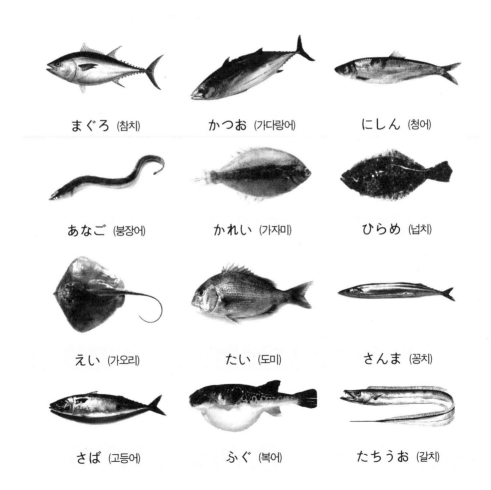

まぐろ (참치) かつお (가다랑어) にしん (청어)

あなご (붕장어) かれい (가자미) ひらめ (넙치)

えい (가오리) たい (도미) さんま (꽁치)

さば (고등어) ふぐ (복어) たちうお (갈치)

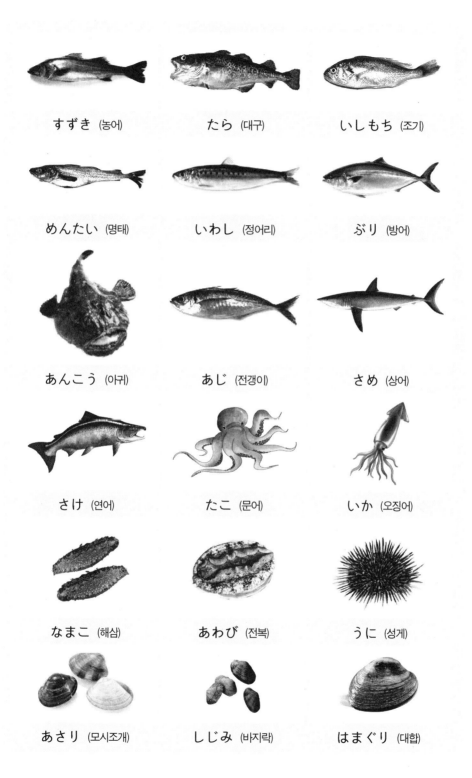

すずき (농어)　　たら (대구)　　いしもち (조기)

めんたい (명태)　　いわし (정어리)　　ぶり (방어)

あんこう (아귀)　　あじ (전갱이)　　さめ (상어)

さけ (연어)　　たこ (문어)　　いか (오징어)

なまこ (해삼)　　あわび (전복)　　うに (성게)

あさり (모시조개)　　しじみ (바지락)　　はまぐり (대합)

さざえ (소라)　　　　ほたて (가리비)　　　　かき (굴)

のり (김)　　　　わかめ (미역)　　　　こんぶ (다시마)

2) 육류(肉)

ぎゅうにく (쇠고기)　　　ぶたにく (돼지고기)　　　とりにく (닭고기)

ようにく (양고기)　　　きじのにく (꿩고기)　　　カツ (커틀릿)

レバー (간)

しかのにく (사슴고기)

しちめんちょう (칠면조)

シチュー (찜 요리)

ヒレ (등심살)

ステーキ (스테이크)

ハムステーキ
(햄 스테이크)

ビーフステーキ
(비프 스테이크)

ローストビーフ
(로스트 비프)

ローストチキン
(로스트 치킨)

パテ
(미트 페이스트)

バーベキュー
(바비큐)

フライドチキン
(프라이드 치킨)

ポークソーセージ
(포크 소시지)

ミートボール
(미트볼)

3) 야채(やさい)

はくさい (배추)

キャベツ (양배추)

だいこん (무)

グリンピース (그린피스)

スイートコン (스위트 콘)

セロリ (셀러리)

ビート (사탕무)

ピーマン (피망)

レタス (양상추)

とうもろこし
(옥수수)

アスパラガス
(아스파라거스)

ききょう
(도라지)

にんじん (당근)

にんにく (마늘)

もやし (콩나물)

ねぎ (파)

たまねぎ (양파)

きのこ (버섯)

えのき (팽이버섯)

まつたけ (송이버섯)

しいたけ (표고버섯)

なす (가지)

たけのこ (죽순)

にら (부추)

ほうれんそう (시금치)

つるにんじん (더덕)

しょうが (생강)

よもぎ (쑥)

ちしゃ (상추)

しゅんぎく (쑥갓)

せり (미나리)　　わらび (고사리)　　かぼちゃ (호박)

れんこん (연뿌리)　　こぼう (우엉)　　きゅうり (오이)

ブロッコリー (브로콜리)　　パセリ (파슬리)　　とうがらし (고추)

こめ (쌀)　　むぎ (보리)　　こむぎ (밀)

ごま (참깨)　　まめ (콩)　　えんどう (완두)

さつまいも (고구마)

じゃがいも (감자)

さといも (토란)

4 과일(くだもの)

りんご (사과)

なし(梨) (배)

くり(栗) (밤)

かき (감)

あまがき (단감)

ほしがき (곶감)

もも(桃) (복숭아)

すもも(李) (자두)

いちご (딸기)

ぶどう (포도)

すいか (수박)

なつめ (대추)

みかん
(밀감)

ブルーベリー
(블루베리)

くるみ
(호두)

パイナップル (파인애플)

さくらんぼ (체리)

あんず (살구)

バナナ (바나나)

メロン (멜론)

オレンジ (오렌지)

キウィ (키위)

いちじく (무화과)

ざくろ (석류)

ゆず
(유자)

レモン
(레몬)

グレープフルーツ
(자몽)

8 조리

ぶつぎりにする (크고 두껍게 썰다) みじんぎりにする (잘게 썰다)

つぶす (으깨다) いためる (볶다) むす (찌다)

ゆでる (삶다/데치다) いる (지지다) にこむ (고다/푹 삶다)

あげる (튀기다) つけこむ (담그다) 洗う (씻다)

皮^{かわ}をむく (껍질을 벗기다)

切^きる (자르다)

すりおろす (갈다)

かける (뿌리다)

おろす (가르다)

きざむ (다지다)

まぜる (섞다)

こねる (반죽하다)

焼^やく (굽다)

ひやす (식히다)

あわだてる (거품 내다)

わかす (끓이다)

もりつける
(보기 좋게 담다)

あえる
(무치다)

にる
(조리다)

たく (짓다)　　　味_{あじ}をつける (맛을 내다)　　　あたためる (데우다)

ご飯をたく (밥을 짓다)　　　だしを作_{つく}る (국물을 내다)

9 맛

あま
甘い (달다)

にが
苦い (쓰다)

から
辛い (맵다)

しおから
塩辛い (짜다)

す
酸っぱい (시다)

かんばしい (향기롭다)

あじ
味がうすい
(싱겁다)

ふうみがよい
(구수하다)

あまずっぱい
(새콤달콤하다)

さっぱりしている
(담백하다)

おいしい
(맛있다)

まずい
(맛없다)

濃い (진하다)

薄い (연하다)

あぶらこい (기름지다)

10 술

日本酒 (니혼슈)
にほんしゅ

焼酎 (소주)
しょうちゅう

清酒 (청주)
せいしゅ

ビール (맥주)

生ビル (생맥주)
なま

ワイン (와인)

ブランデー (브랜디)

ウイスキー (위스키)

シャンペン (샴페인)

ジントニック (진토닉)

スコッチ (스카치)

カクテル (칵테일)

ベルモット (베르무트)

マンハッタン (맨해튼)

シェリー (셰리)

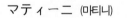

マティーニ (마티니)

バーボン (버번)

ダイキリ (다이키리)

11 음료수

サイダー (사이다)

コーラ (콜라)

ミルク (우유)

おちゃ (차)

ウーロンちゃ (우롱차)

ミルクセーキ (밀크셰이크)

コーヒー (커피)

アイスコーヒー (아이스커피)

レモンティー (레몬차)

オレンジジュース
(오렌지 주스)

レモンジュース
(레몬 주스)

ミネラルウォーター
(광천수)

12 디저트

だんご (경단)

シャーベット (셔벗)

ゼリー (젤리)

あまざけ (단술)

フルーツポンチ (화채)

もち (떡)

ケーキ
(케이크)

アイスクリーム
(아이스크림)

プディング
(푸딩)

13 주방기구

はし (젓가락)

さじ (숟가락)

さら (접시)

なべ (냄비)

湯飲み (찻잔)

さかずき (술잔)

スプーン (스푼)

フォーク (포크)

やかん (주전자)

フライパン (프라이팬)

てんぴ (오븐)

コップ (컵)

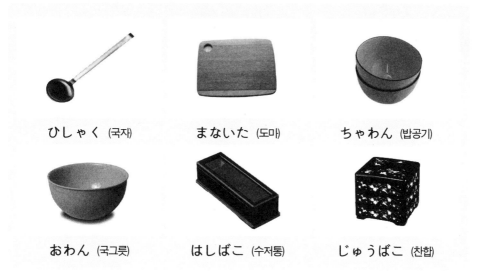

ひしゃく (국자) まないた (도마) ちゃわん (밥공기)

おわん (국그릇) はしばこ (수저통) じゅうばこ (찬합)

14 주문 받기

メニューをください。
메뉴판을 주세요.

ワインリストを見せてください。
와인 리스트를 보여주세요.

日本語のメニューはありますか。
일본어 메뉴판은 있습니까?

はい、どうぞ。
예, 여기 있어요.

お決^きまりですか。
결정했습니까?

これはどんな料理ですか。
이것은 어떤 요리입니까?

何かいいものはありますか。
뭔가 좋은 것은 없습니까?

早くできるものは何ですか。
빨리 될 수 있는 것은 무엇입니까?

サンドイッチ類^{るい}です。
샌드위치류입니다.

これとこれをください。
이것과 이것을 주세요.

それにします。
그것으로 하겠습니다.

焼_やき加_か減_{げん}はいかがなさいますか。
어느 정도 익힐까요?

レアにしてください。
레어로 해주세요.

他にご注文はございませんか。
다른 주문은 없으십니까?

オレンジジュース、ゆでたまご、それにトーストとママレードを
つけてください。

오렌지 주스, 삶은 계란, 거기에 **토스트**와 마멀레이드를 발라주세요.

半熟（はんじゅく）とかたゆでのどちらがよろしいでしょうか。
반숙과 완전히 익힌 것 중 어느 것을 좋아하십니까?

半熟にしてください。
반숙으로 해주세요.

お飲み物はコーヒーと紅茶、どちらになさいますか。
음료수는 커피와 홍차 중 어느 것으로 하시겠습니까?

紅茶をください。
홍차를 주세요.

紅茶はレモンまたはミルクのどちらになさいますか。
홍차는 레몬 혹은 밀크 중 어느 것으로 하시겠습니까?

ミルクにしてください。
밀크로 해주세요.

はい、かしこまりました。
예, 알겠습니다.

ほかにご注文はございますでしょうか。
그 외에 주문은 있습니까?

ええ、それでけっこうです。
예, 그것으로 충분합니다.

ありがとうございました。
감사합니다.

少々お待ちください。
잠시만 기다려주십시오.

デザートは何がありますか。
디저트는 무엇이 있습니까?

はい、果物、アイスクリム、パイ、それからケーキなどがござい
ますが。
예, 과일, 아이스크림, 파이, 그리고 케이크 등이 있습니다만.

あ、そうですか。果物は何がありますか。
아, 그렇습니까? 과일은 무엇이 있습니까?

はい、りんご、みかん、ぶどう、メロンなどがございます。
예, 사과, 밀감, 포도, 멜론 등이 있습니다.

ルームサービスでございます。
룸서비스입니다.

部屋で昼食をとりたいんですが。
방에서 점심을 먹고 싶습니다만.

かしこまりました。ご注文をどうぞ。
알겠습니다. 주문하십시오.

ビーフカレーにサラダ、それとビールをお願いします。
비프카레에 샐러드, 그것과 맥주를 부탁합니다.

はい、かしこまりました。
예, 알겠습니다.

ビールは何本お持ちいたしましょうか。
맥주는 몇 병을 갖다 드릴까요?

三本ください。
3병 주십시오.

何かご希望の銘柄<ruby>めいがら</ruby>はございますか。
뭔가 희망하시는 상표는 있습니까?

朝日<ruby>あさひ</ruby>ビールをお願いします。
아사히 맥주를 부탁합니다.

グラスはいくつお持ちいたしましょうか。
컵은 몇 개 깄디 드길까요?

一つでけっこうです。
하나로 충분합니다.

かしこまりました。
알겠습니다.

お届けるまでに30分ぐらいかかりますが、よろしいでしょうか。
갖다 드리기까지 30분 정도 걸립니다만, 괜찮겠습니까?

はい、けっこうです。
예, 좋습니다.

15 요리의 전달

お待たせいたしました。
기다리게 해서 죄송합니다.

お食事をお持ちいたしました。
식사를 가지고 왔습니다.

どちらにお置きいたしましょうか。
어디에 놓을까요?

テーブルの上においでください。
테이블 위에 놓아두세요.

こちらにご署名をお願い致します。
여기에 서명을 부탁드립니다.

はい、わかりました。これでいいですか。
예, 알겠습니다. 이렇게 하면 됩니까?

お客さま、お手数ですが、お食事がおすみになりましたら、この
おぼんを廊下に出して置いていただけますでしょうか。
손님, 수고스러우시겠지만, 식사가 끝나시면 이 쟁반을 복도에 내어주실 수 있겠어요?

わかりました。
알겠습니다.

ごゆっくりどうぞ。
천천히 드십시오.

1時間前にお願いした食事がまだ届きませんが、どうなったんですか。

1시간 전에 주문한 식사가 아직 오지 않습니다만, 어떻게 된 거예요?

申し訳ございません。お部屋番号とお名前をもう一度教えていただけませんでしょうか。

죄송합니다. 방 번호와 성함을 다시 한 번 말씀해 주실 수 있겠습니까?

1010号室の井上です。

1010호실의 이노우에입니다.

井上さま、恐れ入りますが、ただいまお届けにまいります。

이노우에 씨, 죄송합니다만, 지금 즉시 갖다 드리겠습니다.

できるだけ早くお願いします。

가능한 빨리 부탁합니다.

はい、承知しました。

예, 알겠습니다.

▶

失礼^{しつれい}いたしました。

실례했습니다.

▶

ただいまお持^もちします。

지금 즉시 가지고 가겠습니다.

▶

お飲^のみ物^{もの}はお食事^{しょくじ}の前^{まえ}にお持^もちしましょうか。

음료수는 식사 전에 갖다 드릴까요?

後^{あと}でいいです。

나중에 주십시오.

16 컴플레인

このステーキは焼きが足りないんです。
이 스테이크는 제대로 구워지지 않았습니다.

このスープは香りがないんです。
이 수프는 향이 없어요.

このトーストはこげているんです。
이 토스트는 탔습니다.

このサラダはしおれているんです。
이 샐러드는 시들었습니다.

卵は焼きすぎです。
달걀이 너무 구워졌어요.

▶ このアイスクリームは溶けているんです。
이 아이스크림은 녹았습니다.

▶ このアイスコーヒーは薄すぎます。
이 아이스커피는 너무 연합니다.

▶ これは味が変です。
이것은 맛이 이상합니다.

▶ このビールは冷たくないんです。
이 맥주는 차지 않습니다.

▶ サラダに虫が入っているんです。
샐러드에 벌레가 들어 있어요.

▶ スープに髪の毛が入っているんです。
수프에 머리카락이 들어 있어요.

▶ 申し訳ございません。かわりをお持ちいたします。
죄송합니다. 다른 것을 가지고 오겠습니다.

(17) 계산

そろそろ行きましょうか。

슬슬 가볼까요?

会計をお願いします。

계산을 부탁합니다.

お勘定はいくらになりますか。

계산은 얼마가 됩니까?

ごいっしょでよろしいでしょうか。

함께 계산해도 될까요?

支払いは別々にしてください。

지불은 따로따로 해주세요.

2万円お預かりします。

2만 엔 받았습니다.

3千円のおかえしです。

3천 엔의 거스름돈입니다.

こちらがレシートでございます。

이것은 영수증입니다.

저자약력

박복원

현) 한국국제대학교 관광일어학과 교수

● 저서

이야기로 배우는 일본어(중문)

의료관광 일본어(백산출판사)

신세대 일본어(백산출판사)

日本語はおもしろい(백산출판사)

● 논문

芭蕉와 孤山의 自然觀 比較 研究(2015)

芭蕉의 無常觀 研究(2012)

韓日漂泊詩人에 관한 研究(2010)

강희석

동국대학교 졸업

동국대학교 동 대학원 졸업

경기대학교 관광학 박사 졸업

한국관광공사 호텔등급심사위원 역임

현) 경주온천관광호텔 총지배인

● 저서

의료관광 일본어(백산출판사)

● 논문

중저가호텔의 전략적 제휴 구성요인이 성과인식에 미치는 영향에 관한 연구(2015)

레스토랑 산업에서 조직행동과 조직 몰입에 관한 효과 및 신뢰에 관한 연구(2013)

비즈니스 호텔의 전략적 제휴 구성요인과 성과인식에 미치는 영향관계에 관한 연구(2013)

미국인 잠재고객의 한국의료관광 인식조사에 의한 인바운드 투어 활성화 방안에 관한 탐색
적 연구(2011)

호텔리어 실무일어

2016년 6월 15일 초판 1쇄 인쇄
2016년 6월 20일 초판 1쇄 발행

지은이 박복원 · 강희석
펴낸이 진욱상
펴낸곳 백산출판사
교 정 편집부
본문디자인 오양현
표지디자인 오정은

등 록 1974년 1월 9일 제1-72호
주 소 경기도 파주시 회동길 370(백산빌딩 3층)
전 화 02-914-1621(代)
팩 스 031-955-9911
이메일 editbsp@naver.com
홈페이지 www.ibaeksan.kr

ISBN 979-11-5763-255-8
값 15,000원